MIXTE
Papier issu de sources responsables
FSC® C022030

Loi n° 49-956 du 16 juillet 1949 sur les publications destinées
à la jeunesse, modifiée par la loi n° 2011-525 du 17 mai 2011.

ISBN : 978-2-09-255173-8
ISSN : 2274-5904
Achevé d'imprimer en février 2015 par Pollina, Luçon, France - L70817
N° d'éditeur : 10212620
Dépôt légal : mars 2014

Questions ? Réponses ! 4+

Les châteaux forts

Texte d'**Agnès Vandewiele**
Illustrations de **Robert Barborini**

Nathan

Le château fort

Le château fort appartient à un seigneur.
Du haut des tours, les guetteurs surveillent la campagne, prêts à donner l'alerte en cas d'attaque.

Pourquoi le seigneur construit-il un château fort ?

Pour y habiter et se protéger des attaques des ennemis. En cas de guerre, les paysans des environs viennent aussi s'y abriter.

Comment entre-t-on dans le château ?

Par un pont-levis qui est relevé en cas d'attaque. Ainsi, plus personne ne peut entrer ni sortir.

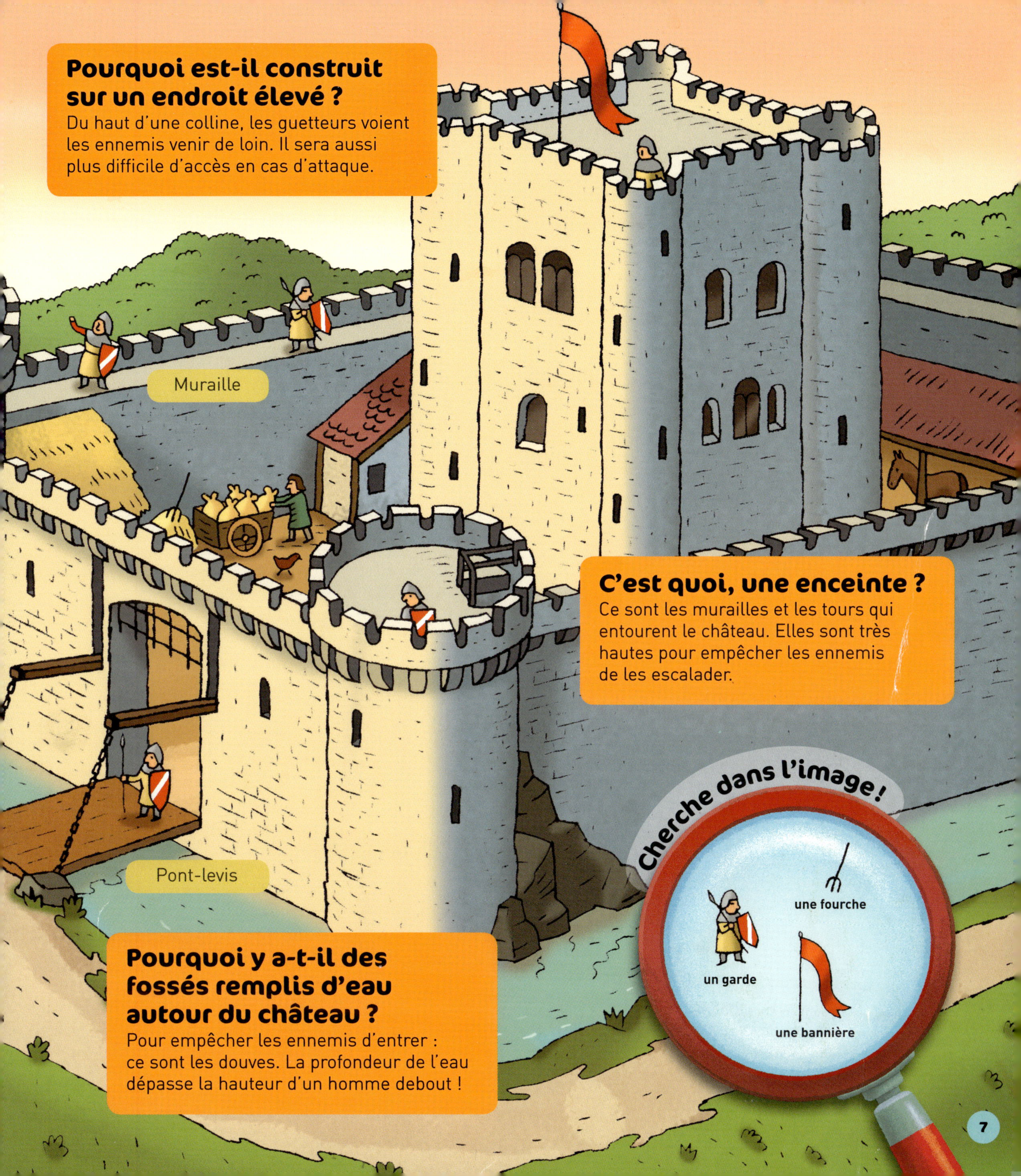

Pourquoi est-il construit sur un endroit élevé ?

Du haut d'une colline, les guetteurs voient les ennemis venir de loin. Il sera aussi plus difficile d'accès en cas d'attaque.

C'est quoi, une enceinte ?

Ce sont les murailles et les tours qui entourent le château. Elles sont très hautes pour empêcher les ennemis de les escalader.

Pourquoi y a-t-il des fossés remplis d'eau autour du château ?

Pour empêcher les ennemis d'entrer : ce sont les douves. La profondeur de l'eau dépasse la hauteur d'un homme debout !

La construction du château

Avec le temps, les hommes ont appris à faire des châteaux de plus en plus solides et qui permettent de mieux se défendre.

Pourquoi le haut des murs est-il découpé ?

Cela permet aux défenseurs de tirer des flèches, tout en s'abritant derrière la partie haute du rempart : ce sont les « créneaux ».

À quoi sert le chemin de ronde ?

Il ne sert pas de promenade ! Il permet de surveiller les environs du château.

Pourquoi y a-t-il des trous dans les murs ?

Ce sont des meurtrières. Elles sont étroites pour que les archers puissent tirer tout en restant à l'abri.

C'est long de construire un château fort ?

Pour un grand château, cela peut prendre 20 ans avec des centaines d'ouvriers.

Qui construit le château ?

Un architecte, ou maître d'œuvre, avec des artisans et les paysans du domaine car ils savent construire leurs propres maisons.

Vivre au château

Voilà la basse-cour, la cour intérieure du château. C'est un lieu plein de vie où seigneur, artisans, paysans et serviteurs se croisent tous les jours.

Qui s'occupe des chevaux ?

Le palefrenier les soigne et les nourrit ; le maréchal-ferrant pose les fers de leurs sabots.

Qui fabrique les armes des chevaliers ?

L'armurier fabrique et répare les épées, les lances et les haches, ainsi que les casques et les armures.

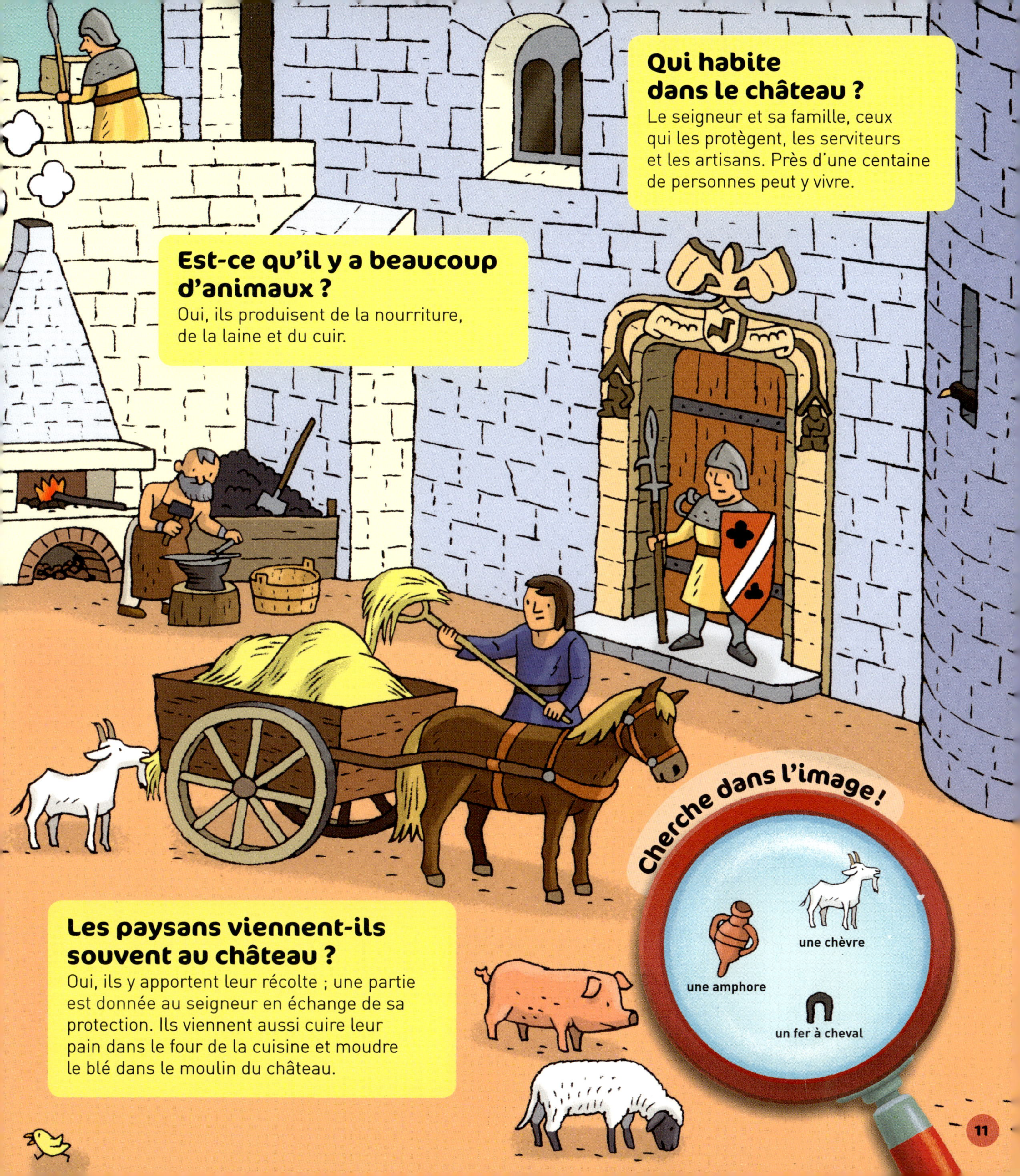

Qui habite dans le château ?

Le seigneur et sa famille, ceux qui les protègent, les serviteurs et les artisans. Près d'une centaine de personnes peut y vivre.

Est-ce qu'il y a beaucoup d'animaux ?

Oui, ils produisent de la nourriture, de la laine et du cuir.

Les paysans viennent-ils souvent au château ?

Oui, ils y apportent leur récolte ; une partie est donnée au seigneur en échange de sa protection. Ils viennent aussi cuire leur pain dans le four de la cuisine et moudre le blé dans le moulin du château.

Cherche dans l'image !

- une chèvre
- une amphore
- un fer à cheval

Le seigneur et sa famille

Le seigneur est le maître dans son château et sur ses terres. Sa famille et lui ont de nombreux privilèges.

Comment devient-on seigneur ?

Les rois donnent des terres à des hommes pour les récompenser de leurs services. Ils deviennent ainsi riches et transmettent tout à leur fils aîné.

Quel est le rôle de sa femme ?

Elle dirige les serviteurs, gère les cuisines et s'occupe du domaine quand son mari est absent. Mais ce sont les nourrices qui allaitent les bébés.

Quelle est la vie des petites filles ?

On leur enseigne la couture, la musique et à tenir une maison. Elles quittent le château quand elles se marient, vers 15 ans.

Que fait le seigneur toute la journée ?

En temps de paix, il gère son domaine et y rend la justice. Il organise aussi des chasses, des tournois et des banquets.

Comment sont éduqués les petits garçons ?

Ils apprennent à lire. Ils s'entraînent aussi à manier les armes.

La vie quotidienne

En temps de paix, les femmes se retrouvent dans les chambres pour bavarder, filer la laine ou faire des travaux de couture.

Comment se chauffe-t-on et s'éclaire-t-on ?

On fait des feux de bois dans de grandes cheminées et on s'éclaire avec des bougies, des torches et des lampes à huile.

Que porte-t-on comme vêtements ?

Les hommes portent des tuniques et des souliers pointus, les femmes, de hautes coiffes, de longues robes et manteaux doublés de fourrure.

Est-ce que chacun a une chambre ?

Non, le seigneur et sa famille sont dans la même chambre. Les autres habitants du château dorment à plusieurs dans un grand lit, souvent à l'endroit où ils travaillent.

Où fait-on pipi et caca ?

Dans les latrines ! Ce sont des toilettes construites dans l'épaisseur des murs. Assis sur un siège, on y fait ses besoins qui sont évacués dans les douves par un trou.

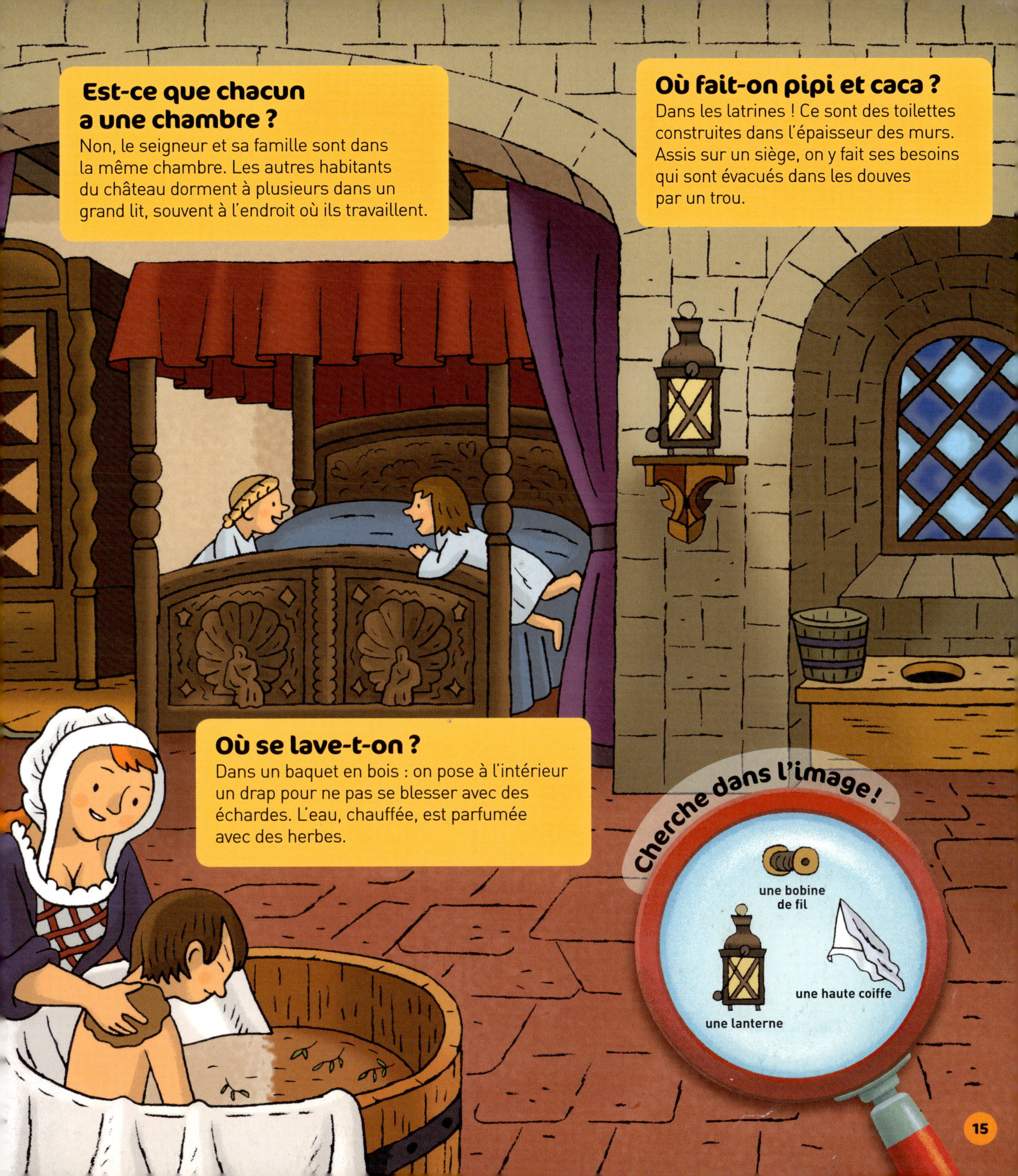

Où se lave-t-on ?

Dans un baquet en bois : on pose à l'intérieur un drap pour ne pas se blesser avec des échardes. L'eau, chauffée, est parfumée avec des herbes.

Le banquet

Dans la grande salle, les tables sont dressées pour le banquet. Tandis qu'aux cuisines les marmitons préparent de nombreux plats, les invités profitent des spectacles.

Qui est invité ?

De riches seigneurs et des chevaliers amis.

Où sont assis le seigneur et sa femme ?

À la table d'honneur, avec leurs invités. Elle est placée sur une estrade. Les autres invités sont sur des tables non surélevées.

Est-ce qu'il y a beaucoup à manger et à boire ?

Oui, il peut y avoir jusqu'à 30 plats ! On mange de la viande, du gibier, du poisson, de la volaille... Entre chaque plat, jongleurs, acrobates et musiciens distraient les invités.

Comment mange-t-on ?

Pas de couverts, on mange avec les doigts ! Et on utilise une épaisse tranche de pain rassis, le tranchoir, en guise d'assiette.

Qui sert les plats ?

Les pages servent la table du seigneur. L'écuyer tranchant découpe le gibier. L'échanson est chargé du vin.

Jeux et fêtes

Après le banquet, place à la musique et à la danse ! Jongleurs, troubadours, bouffons et montreurs d'ours déploient mille talents pour distraire les invités.

Y a-t-il souvent des fêtes ?

Oui, lors de tournois, mariages, parties de chasse, adoubements de chevaliers ou grandes fêtes religieuses.

La grande salle ne sert-elle qu'à donner des fêtes ?

Non, le seigneur y réunit aussi ses chevaliers, discute avec eux avant de partir en guerre et y rend la justice.

Qu'est-ce qu'un troubadour ?

C'est un poète qui récite des poèmes d'amour ou de longs récits de chevalerie.

À quoi joue le seigneur ?

Le seigneur joue avec sa femme et ses amis au trictrac, un jeu de dés avec des pions, aux dames et aux échecs. Quand il fait beau, ils jouent dehors au jeu de crosse, l'ancêtre du hockey, et à colin-maillard.

À quoi jouent les enfants ?

Ils jouent avec des petits arcs, des balles, des chevaux de bois, des cerceaux, des toupies et des échasses.

Cherche dans l'image !

La chasse

Le seigneur organise souvent sur ses terres des parties de chasse.

Quelles armes utilisent les chasseurs ?

Des couteaux, des épées, des épieux et même des lances.

Que font ces chiens ?

Dressés pour aider à la chasse, ils flairent et poursuivent les proies. Ils les effraient en aboyant et les encerclent jusqu'à ce que les chasseurs arrivent.

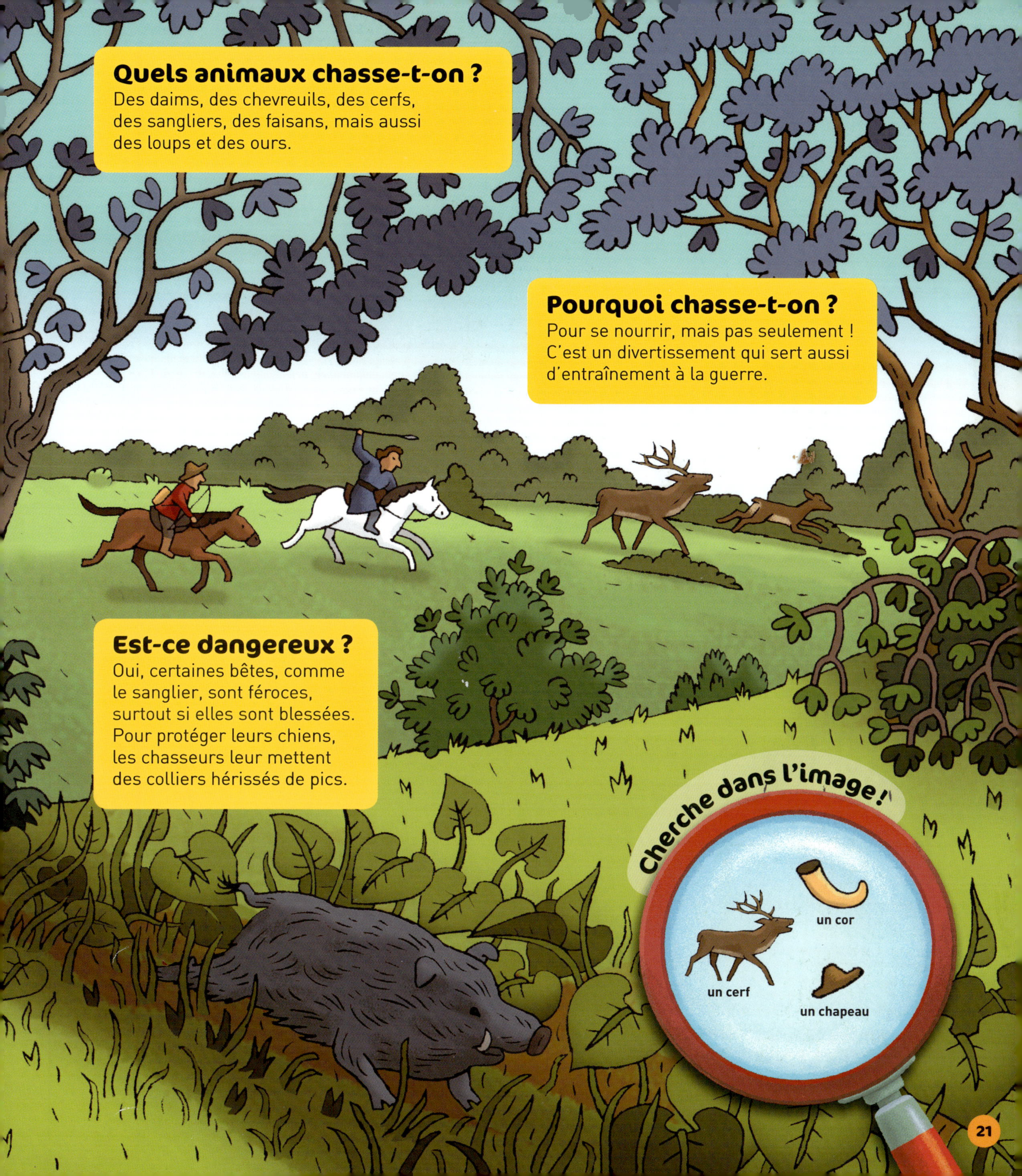

Quels animaux chasse-t-on ?

Des daims, des chevreuils, des cerfs, des sangliers, des faisans, mais aussi des loups et des ours.

Pourquoi chasse-t-on ?

Pour se nourrir, mais pas seulement ! C'est un divertissement qui sert aussi d'entraînement à la guerre.

Est-ce dangereux ?

Oui, certaines bêtes, comme le sanglier, sont féroces, surtout si elles sont blessées. Pour protéger leurs chiens, les chasseurs leur mettent des colliers hérissés de pics.

Les chevaliers

Les chevaliers sont des guerriers qui se battent pour un seigneur ou un roi à qui ils ont juré fidélité. Mais devenir chevalier, c'est un long apprentissage !

Qu'est-ce qu'un écuyer ?

Vers 14 ans, le garçon qui veut être chevalier devient l'écuyer d'un seigneur. Il le suit au combat, porte son bouclier, s'occupe de son armure et de ses chevaux.

Comment devient-on chevalier ?

Lors de l'adoubement. L'écuyer, vers 18 ans, passe la veille de la cérémonie en prière. Le lendemain, il reçoit ses armes et sa bannière et jure fidélité à son seigneur. Celui-ci le frappe sur l'épaule avec son épée : c'est la colée.

Les chevaliers sont-ils courageux ?

Oui, ils doivent être bons, forts et courageux. Ils prêtent serment pour protéger les faibles, les femmes et les orphelins, et être fidèles à Dieu.

Comment sont-ils habillés ?

Sous leur armure, ils portent un vêtement de métal, la cotte de maille. Ensuite, ils enfilent leur armure qui protège tout leur corps, même les pieds ! Leur casque s'appelle un heaume.

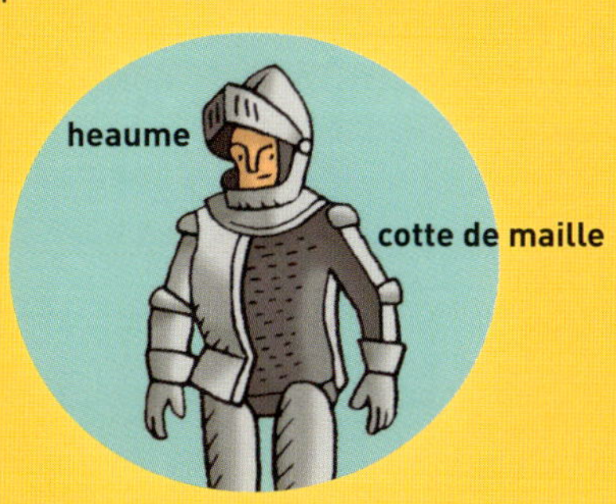

L'armure est-elle lourde ?

Oui ! Au 14e siècle, une armure pèse presque 25 kilos. Le chevalier met une heure pour l'enfiler et doit se faire aider pour la mettre et pour monter à cheval.

Cherche dans l'image !

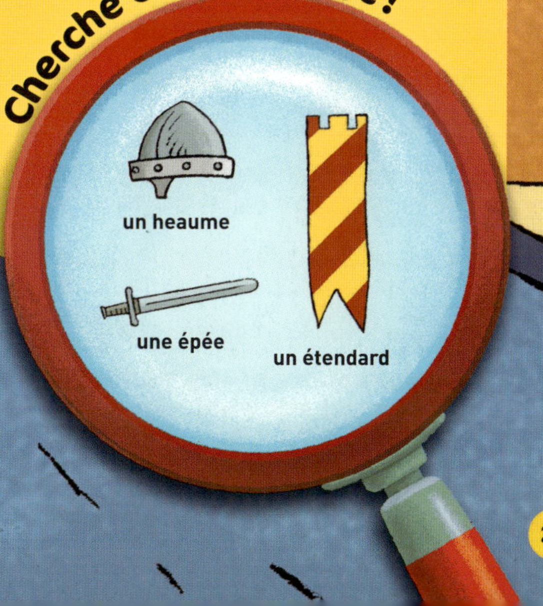

Joutes et tournois

Les cavaliers, armés d’une lance, s’élancent à toute vitesse et chargent leurs adversaires sous les applaudissements des spectateurs. Qui va gagner ?

Un tournoi et une joute, c’est pareil ?

Non : dans un tournoi, plusieurs chevaliers s’affrontent en équipe. Il y a parfois une centaine de combattants. Une joute est un combat entre deux chevaliers.

Pourquoi les chevaliers se battent-ils ?

Pour s’entraîner à la guerre. Les chevaliers montrent ainsi leur vaillance et leur habileté au combat.

Que gagne le vainqueur ?

Il prend les armes, l'armure et le cheval du vaincu, et peut aussi recevoir de l'or ou de l'argent.

Comment les chevaliers sont-ils équipés ?

Ils portent une armure plus lourde et plus résistante que celle pour la guerre et un casque. Leur cheval est aussi protégé par une sorte d'armure, le caparaçon.

Est-ce qu'il y a des blessés ?

Oui, parfois. Mais les chevaliers utilisent des armes « courtoises » dès le 13e siècle, c'est-à-dire que la pointe des épées ou des lances est arrondie.

Le château assiégé

Les ennemis lancent l'assaut. Des flèches et des boulets volent dans toutes les directions. Mais les habitants du château résistent !

Qui attaque le château ?

Une armée ennemie qui veut s'emparer du château et des terres du seigneur.

Quelles armes utilisent les attaquants ?

Des catapultes, comme les mangonneaux et les trébuchets, qui lancent de grosses pierres pour détruire les murs ; et une énorme poutre de bois, le bélier, pour enfoncer la lourde porte d'entrée. Ils ont aussi des arcs, des épées et des haches.

Comment se défendent les gens du château ?

La garnison, composée de soldats, d'archers et d'arbalétriers, et les chevaliers lancent des flèches, des pierres et toutes sortes de choses : des ordures, de l'eau bouillante, etc.

Comment franchit-on les murailles ?

Les ennemis entrent dans la château soit par la porte s'ils ont pu l'enfoncer, soit ils passent par-dessus les murailles avec des grandes échelles ou un beffroi rempli de soldats.

Que deviennent les gens du château si l'ennemi gagne ?

Au mieux, ils sont faits prisonniers et donnent leurs terres. Mais la plupart du temps, ils sont tués. Ils sont parfois libérés contre une rançon.

Cherche dans l'image !

Le sais-tu ?

Quel est le plus grand château fort ?

L'une des plus grandes forteresses médiévales d'Europe se trouve en Pologne et s'étend sur 21 hectares. Elle est composée de 3 châteaux, dont celui de Malbork (Marienbourg).

Y a-t-il des châteaux forts dans tous les pays ?

Oui, dans presque tous les pays d'Europe mais aussi dans les pays du Moyen-Orient, comme la Syrie, où sont passées les croisades, des expéditions militaires chrétiennes.

Quel est le plus haut donjon d'Europe ?

Celui de Coucy : il mesurait 55 mètres de haut ! Les donjons atteignaient en général 30 mètres de haut.

Pourquoi appelle-t-on le roi d'Angleterre Guillaume Ier Guillaume le Conquérant ?

Parce qu'il était un grand chevalier et un grand guerrier. Il a gagné la bataille qui lui a permis de devenir roi d'Angleterre. Ensuite, il a dû se battre contre le roi de France qui voulait récupérer la Normandie.

Qui était Richard Cœur de Lion ?

C'était un roi d'Angleterre et un grand chevalier. Il se battit contre la France pour garder ses terres et fit une croisade pour libérer Jérusalem.

Que raconte la légende des chevaliers de la Table ronde ?

Dans cette légende, on dit qu'Arthur, roi de Camelot, aurait réuni 12 chevaliers pour partir en quête du Graal, une coupe contenant du sang du Christ, sur les conseils de Merlin l'Enchanteur.